Vor allem für zwei Anitas
~ M C B

Für meine Nichte Stephanie Bahrani
~ T M

Titel der englischen Originalausgabe:
One Snowy Rescue
2015 Little Tiger Press Ltd.
1 The Coda Centre, 189 Munster Road, London SW6 6AW
© Text: 2015 M Christina Butler
© Illustrationen: 2015 Tina Macnaughton
LTP 1800/1156/0615

Ins Deutsche übertragen von Irmtraut Fröse-Schreer

Deutsche Ausgabe:
© 2015 Brunnen Verlag Gießen
Gottlieb-Daimler-Str. 22
35398 Gießen
www.brunnen-verlag.de
Satz: DTP Brunnen
Gedruckt in China
ISBN 978-3-7655-5194-9

Der kleine Igel verirrt sich im Schnee

M Christina Butler • Illustriert von Tina Macnaughton

BRUNNEN
Verlag GmbH · Giessen

Der kleine Igel war früh aufgewacht. Nun wollte er schnell nach draußen.

„Ach du meine Güte!", rief er erschrocken, als er sich mit aller Kraft gegen die Haustür stemmte. Sie ließ sich einfach nicht öffnen.

„Bestimmt hat es die ganze Nacht geschneit", dachte der kleine Igel. „Jetzt bin ich eingeschneit. Was soll ich bloß machen?"

Doch dann hatte der kleine Igel eine Idee: Er zwängte sich durch eins der oberen Fenster und versank ...

schwupps!

... im tiefen weichen Schnee.

„Puh!", keuchte der kleine Igel. „So viel Schnee habe ich ja noch nie gesehen!"

Es dauerte eine Weile, bis er sich befreit hatte und einen Weg freischaufeln konnte. Danach brauchte er eine Verschnaufpause.

„O weh!", rief er plötzlich. „Bestimmt ist die Maus auch eingeschneit. Ich muss sofort nach ihr sehen."

Mit seinen kurzen Beinchen stapfte der kleine Igel so schnell er konnte los.
 Plötzlich stieß er an ein Hindernis, das unter dem Schnee versteckt lag. Er stolperte, rutschte aus und plumpste in ein tiefes Loch einer Schneewehe.

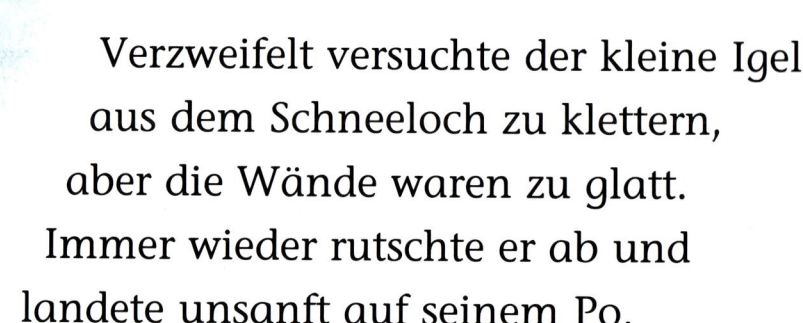

Verzweifelt versuchte der kleine Igel aus dem Schneeloch zu klettern, aber die Wände waren zu glatt. Immer wieder rutschte er ab und landete unsanft auf seinem Po.

plumps!

„O weh!", seufzte der kleine Igel. „Was soll ich bloß machen?"

Doch da hatte er eine tolle Idee:

Er nahm seinen Wanderstock, setzte seine rote Mütze ganz obendrauf und schwenkte sie wie eine Fahne.

„Was ist denn das?", wunderte sich das Kaninchen, das gerade seinen Morgenspaziergang machte. „Hm, diese rote Mütze kenne ich doch!"

„Kleiner Igel!", rief das Kaninchen. „Was machst du denn da unten im Schneeloch?"
„Gut, dass du da bist", seufzte der kleine Igel. „Ich komme hier nicht heraus. Hilfst du mir?"

Mit einem kräftigen Ruck zog das Kaninchen den kleinen Igel ins Freie.

„Ich wollte nach der Maus schauen", erzählte der kleine Igel. „Plötzlich bin ich ausgerutscht und im Schneeloch gelandet."

„Komm, wir gehen zusammen zur Maus", sagte das Kaninchen.

Und so machten sich die beiden Freunde gemeinsam auf den Weg. Dicke Schneeflocken tanzten im Wind und kitzelten sie an den Nasen.

Sie stapften und stapften und stapften – bis sie auf verdächtige Fußspuren stießen.

„Hm", meinte das Kaninchen und zwirbelte seine Barthaare. „Dies hier sind eindeutig Kaninchenspuren."

„Und dies sind eindeutig Igelspuren", flüsterte der kleine Igel. „Meinst du, das könnten *unsere* sein?"

„O weh!", rief das Kaninchen entsetzt. „Dann wären wir ja im Kreis gelaufen!"

Die beiden Freunde zitterten vor Schreck und vor Kälte. Es schneite unaufhörlich und der Wind pfiff eisig durch die Baumwipfel.

Der kleine Igel und das Kaninchen waren verzweifelt.
Da hörten sie eine laute Stimme rufen: „Was macht ihr denn bei diesem Wetter draußen?" Es war der Fuchs.

„Wir wollten eigentlich zur Maus", sagte der kleine Igel.

„Aber wir haben uns verirrt", seufzte das Kaninchen.

„Ich kenne den Weg", tröstete der Fuchs. „Kommt einfach mit mir."

Sie waren noch gar nicht lange unterwegs, da knisterte und knackte es bei jedem ihrer Schritte. Und dann verloren sie plötzlich den Boden unter ihren Füßen.

„Hilfe!", riefen die drei Freunde und krallten sich am Ufergestrüpp fest.

„Meine Mütze!", rief der kleine Igel. „Ich hab meine Mütze verloren!"

In dem Moment kam der Dachs herbeigeeilt. Schnell brachte er die Freunde in Sicherheit.

„Ich habe mir schon gedacht, dass ihr in Schwierigkeiten seid", keuchte der Dachs. „Als ich die rote Mütze im Fluss schwimmen sah, wars mir sofort klar."

„Danke, lieber Dachs!", seufzte der kleine Igel erleichtert. „Ich hab schon befürchtet, dass ich meine schöne, weiche rote Mütze niemals wiederfinde!"

Bald erreichten die vier Freunde die Maushöhle. Ihr Eingang lag tief unter der weichen Schneedecke versteckt. Dachs, Fuchs, Kaninchen und der kleine Igel mussten ziemlich lange graben, bis sie ihn freigelegt hatten.

„Ihr ahnt ja nicht, wie sehr ich mich freue, dass ihr da seid!", piepste die Maus, als sie ihren Freunden öffnete.

„Puh", seufzte der Dachs. „Ich habe heute genug Schnee gesehen. Höchste Zeit für ein gemütliches Abendessen! Ich lade euch alle zu mir nach Hause ein."

Gemeinsam machten sie sich auf den Weg. „Schau dir nur die Mäusekinder an, kleiner Igel!", lachte der Dachs. „Sie haben sich in deiner weichen Mütze aneinandergekuschelt. Was würden wir nur ohne deine rote Mütze machen?"

„Stimmt", sagte der kleine Igel. „Aber vor allem: Was würden wir ohne einander machen?"

„Da hast du auch wieder recht", meinte der Dachs. „Gute Freunde sind einfach das Wichtigste auf der Welt!"